AF302643

Karnets Intimes

de

Stan

— △ —

Voyages Pluriels

Du même Auteur :

Une Plume dans l'Encrier Maçonnique (2013 - Dervy)
recueil de nouvelles (collectif)

À la Croisée des Chemins
nouvelle policière (3ᵉ Prix au Salon Maçonnique du Livre
et de la Culture de Rennes Saint-Grégoire - 2013)

Le Messager... Chemin de Lumière
conte initiatique et symbolique (1ᵉʳ Prix au Salon Maçonnique
du Livre et de la Culture de Rennes Saint-Grégoire - 2015)

**2 – Le Messager... Chemin de Lumière
& À la Croisée des Chemins**
recueil de nouvelles, illustré en couleur (2020 - BoD)

Les Tables de l'Humanité - Origines
Thriller ésotérique, illustré en couleur (2020 - BoD)

© 2023 Stan KARKO
Édition : BoD – Books on Demand, info@bod.fr
Impression : BoD – Books on Demand, In de Tarpen 42,
Norderstedt (Allemagne)
Impression à la demande

Conception/Composition/Illustrations : Stan KARKO

ISBN : 978-2-3224-7220-8
Dépôt légal : Septembre 2023

Stan KARKO

Karnets Intimes

de

Stan

— ∆ —

Voyages Pluriels

Textes choisis

Le Temps

Le temps cosmique est immuable
l'homme en a fait la variable terrestre
d'une équation devenue irraisonnée

Le Temps

Le Temps
A des rumeurs
Qui meurent
Tout doucement
Dans le labeur
Du Temps
Qui s'en va
Lentement
Vers les instants
Où il n'y a…
Plus de Temps

© nov. 1987 – Karnet2 d'Antan

L'ÉVEILLEUR DES TEMPS
La Grande Horloge Universelle
encre sur papier, format A3 29,7X42 – juillet 2022

Les Rares Instants De Bonheur

Les rares instants de bonheur
Passent vite en souffle de vent
Tentez d'en retenir la fleur
Et vos doigts déjà triomphants
Se refermeront sur un leurre
Un doux souvenir qui pâlit
Qui doucement s'estompe et meurt
Disparaissant de votre vie.

À peine le sourire est éclos
Qu'il faut le noyer de larmes
Et quand fleurissent les cœurs chauds
Qu'ils se courbent sous les armes
Quel est le prix de cet instant ?
Ce sentiment de bien-être
N'augure-t-il que des tourments ?
Aurais-je la force de paraître…

La vie est une succession
De grands malheurs et de peines
Mais qui peu à peu s'oublieront
Noirs, tout au long de la chaîne.
Est-il si nécessaire de vivre
Tous ces longs moments de chagrin
Attendant que nous délivre
La Mort lâcheté d'un matin ?

Et vous, les fausses illusions
Pourquoi égarez-vous mes pas
Par des rêves brûlant mon front
Je n'en tomberai que plus bas.
Pourquoi voulez-vous m'aider
Me faisant croire aux sentiments
Car, alors que vous me quittez
Je me retrouve plus seul qu'avant !

Les rares instants de bonheur
Passent vite en souffle de vent
Tentez d'en retenir la fleur
Et vos doigts déjà triomphants…

… se crisperont sur le vide.

Contre-Temps

Comme de la boue au fond du cœur
À tous ces contre-temps de malheur
Quand s'arrête le rythme de l'existence
Dans la tête explose un violent silence

L'âme esseulée, grise et triste, plonge
Dans cette épaisse fange qui la ronge
Quand la valse maudite oublie un temps
C'est toute la vie qui soudain fout le camp

Les corps et silhouette se démantèlent
L'armure se brise aux souvenirs d'elle
L'harmonieuse symphonie se syncope
Au tempo du désespoir qui se moque

L'esprit rebelle frémit puis s'évapore
Pendant que toute sa chaleur s'endort
Dans l'accord suspendu qui s'éternise
Et que le vil néant glacial concrétise

Cristallisés, tous les sangs se figent
Aux inflexions givrées de ces vestiges
Dans les doux arpèges devenus vains
Insensibles au seul passage de la main

Regard morne et les yeux se voilent
À la disparition de cette filante étoile
Les notes s'atténuent, se font paresse
Voilà déjà la musique de vie qui cesse

© mai 1999 – KarnetZ d'Hier

Vos Rides Madame

Vous savez vos rides Madame
C'est du papier de parchemin
Tous ces sillons sur ce visage
En témoignage d'un long chemin
Et bien loin d'être un triste drame
Moi j'estime que c'est un bien

Tous ces tracés riches de vie
Que vous vivez en mélodrame
Sont signes de seule comédie
Mal encore qui ne se condamne
Et vous cachez toutes ces amies
Refleurissant votre corps de femme

Signatures de folles amours
Longues nuits chaudes sans lendemain
Beaux artifices qui sont là pour
Garder secrets tous vos refrains
En souvenir de ces contours
Sous le voyage de mes mains

Vous savez vos rides Madame
C'est pour moi le plus joli
Tous ces sillons qui vous font femme
Exhalent de la poésie
Toute cette histoire qu'elle clame
Charme et nuance dans un cri
Et bien loin d'être un triste drame
Moi je trouve qu'elles vous vont bien

*Une seconde reste une simple seconde
Qu'elle soit agitée ou sereine.
L'important n'est-il pas de bien l'utiliser ?*

Extrait de « 2 - Le Messager... Chemin de Lumière »
Conte initiatique & symbolique © 2020 – Stan KARKO

15

Les évènements de la vie ne sont que les ingrédients d'une longue et bien difficile recette…

… le passage à l'Orient Éternel engendre le succulent mets de son bon déroulement

Voyage

Ceci n'est qu'une pâle enveloppe charnelle
qu'il te faut abandonner ici.

Rien de plus.

Quitte l'illusion !

Extrait de « 2 - Le Messager… Chemin de Lumière »
Conte initiatique & symbolique © 2020 – Stan KARKO

Murmures de Lune
La Messagère Silencieuse
Encre sur papier format 32X24 – juillet 2022

Cérémonie d'Accompagnement

du départ au Voyage

11 février 2022

— Δ —

à Florence

22 mars 1968 – 05 février 2022

Un triolet de croches véloces,
Aériennes et cristallines
survolant les lenteurs pesantes
De la lourde symphonie de nos vies

Des pas légers de danse
Harmonie de mouvements
Étouffant dans un pur silence
La cacophonie de nos bottes

Une impulsion créatrice
Sur les pavés statiques de notre imagination
Une Muse inspiratrice et scintillante
À nos crayons brisés, à nos pinceaux taris

Une idée furtive et si profonde
À l'encre desséchée de nos plumes théâtrales
Le mot toujours juste et incisif
À faire taire notre logorrhée inutile

Quelques pâles scories disséminées
Tentaient de ternir l'immensité de ton Cœur
De futiles poussières balayées par le vent
De la puissance de ton Amour infini
De tous petits riens déjà disparus
Dans les méandres de l'oubli

L'image à nous poursuivre
Restera à jamais merveilleuse

Ne pleurez pas mes frères, mes sœurs,
Chers parents, tendres enfants,
Car c'est ainsi que je le souhaite
Ne pleurez pas ce qui refait la Vie
Car demain vous foulerez l'herbe verte
Et je serai là, dans ce brin de graminée
Vous croquerez le fruit savoureux
Cueilli à la plus haute branche de ma tête
Vous récolterez le grain que j'aurais enfanté
Et cette même semence redonnera vie

L'Inévitable dépose aux creux de nos chemins
Tant de signes imperceptibles
Comme autant de jalons
Que nous ignorons de notre toute arrogance
L'Inévitable pourtant nous l'enseigne :
L'illusion de ce monde d'ici-bas
N'est que le court songe
Alors qu'Elle est ensommeillée
Elle qui représente ce long rêve perpétuel
De nos si éphémères existences éveillées

Elle nous suit et marque chacun de nos pas
Dans l'ombre de nos empreintes hésitantes
Attendant dans une logique qui nous échappe
De nous ramener dans sa sphère éternelle
De nous relier conscient à la Vie
La Vraie, la Seule, Celle enfantée du Cosmos

Ne pleurez pas mes sœurs, mes frères,
Tendres enfants, si chers parents
Car ainsi s'établit l'ordre des choses
Ne pleurez pas ce qui n'est qu'un passage
Car demain, j'arroserai vos belles existences
D'une merveilleuse pluie d'étoiles
Je marquerai chacun de vos instants
D'un pierre blanche, jalon du souvenir
Je glisserai, cachée derrière la toile
Pour chavirer vos cœurs palpitants d'un rire
D'un chuchotement, d'un sourire

Demain je serai…

Cette goutte de pluie glissant à votre front
Ce rai solaire à réchauffer le froid de votre hiver
Cette pousse vaillante à renaître de la souche infertile

Demain je serai…

Dans l'osmose de tout ce qui a été
Pour recréer cette chimère magnifique
Le mirage virevoltant et sublime
De tout ce qui nous attache et nous lie

Le temps court du fragment de la vie des Hommes
Le temps long d'un battement de paupière de l'Univers

Ne pleurez pas chers parents, tendres enfants,
Vous tous mes frères et mes sœurs,
Vous me feriez trop de peine
Ne pleurez pas, ceci est mon Voyage
Vous restez mouvants sur la scène
J'ai déjà rejoint le Grand Orchestre
Seul nous sépare ce rideau évanescent
Que jadis moi aussi je croyais si réel
Je suis l'éternité de vos courts songes
Vous êtes l'éphémère de mon long rêve
Je suis vivante et vous tous déjà partis
De quel côté du rideau, de quel côté du miroir
Quelle réalité, quelle illusion, quelle certitude

Voyage vers l'Autre Rive

Je suis sur le bâteau qui m'emporte vers l'autre rive
Et vous, vous restez là, ancrés à ce qui doit être encore

Regardez, paisibles et rassurés, s'écouler lentement
Le courant du long fleuve de nos existences
Je ne vais qu'à la découverte de nouvelles contrées

Vous êtes sur cette rive encore pétrifiés de tristesse
Et moi, je m'en vais là-bas, apaisée et radieuse

Ne redoutez pas ce mât qui part vers l'horizon
Car d'autres le voient revenir à son port d'attache
Ce large Fleuve n'est que le lien qui unit le Tout

Ne pleurez pas, ne pleurez pas
Ce qui ne peut pas disparaître
Ou alors pleurez… pleurez de Joie
Car demain c'est en votre sein
Que se trouveront volonté et pouvoir
À me faire doucement vibrer encore
Dans la mousse fertile de vos pensées
Sur la paroi de vos actions maîtrisées
C'est de vos mains qui pétriront l'argile
Que s'édifiera l'imaginaire de mon Royaume
Vos pieds dans les traces de mes vagabondages
À retracer et me guider sur les chemins célestes
Car demain vous serez moi, je serai vous
Car demain nous resterons unis, réunis
Nous redeviendrons Un Seul
L'infime particule de l'immensité sidérale
L'immense rien dans un Univers Infini de vide

Te voilà qui approche de la Grande Connaissance
Celle que nous salissons de nos viles vérités
Te voilà à la rencontre de la Grande Vérité
Celle que nous trahissons de notre ignorance
Accordant de l'importance à ce qui n'est pas
Redoutant cette Inconnue qui nous rend éternels

Ne pleurez pas mes frères, mes sœurs,
Chers parents, si tendres enfants
Car c'est ainsi que je le souhaite
Ne pleurez pas ce qui refait la Vie

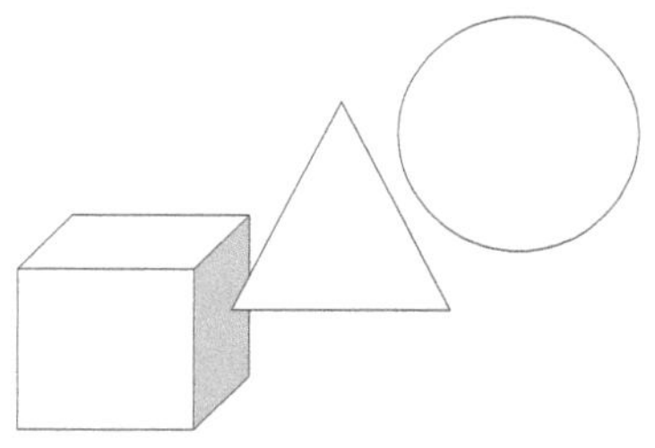

Tu nous laisses le Cube acéré
de la matérialité de nos existences
Toi maintenant Pyramide bienveillante
de nos âmes perdues, égarées
Si bientôt sublime Sphère radieuse
de nos esprits universels envolés

Pars mon Amour…
Pars sereine et tranquille
Je reste de ce côté-ci du rideau
Le miroir repousse encore mon image

Pars ma Douce…
Pars sereine et tranquille
J'attendrai l'infime seconde à te rejoindre
Et d'ici cet instant
J'inviterai tous ceux que ta vie caresse
À reconstruire indéfiniment ton parcours
À prolonger ton cheminement

Pars ma Belle…
Pars sereine et tranquille
Car demain, maintenant, tous
Nous te le promettons
Nous allons remettre nos pas dans tes traces
Pour vagabonder sur tes sentiers
Joindre nos mains, ensemble,
Pour refermer cette chaîne d'Union fragilisée
Et puis nous danserons autour de tables invisibles
Nous nous abreuverons de vin de Liesse
Et festoierons aux savoureux mets éternels
Attablés à ce banquet commun
Tous ensemble, comme Un

Pars mon Ange
Pars sereine et tranquille
Demain nous saurons encore faire scintiller
Les accents de ta mémoire
À te ré-imaginer au sein de nos vies
Tout au long des chemins de traverses
De nos deux mondes imbriqués
Nous te croiserons, souffle de vent,
Invisible et pourtant si présente

Et puis, l'instant d'après…
Nous serons là, de nouveau réunis
À rire de nos chagrins d'antan
À unir ce que nous avions cru brisé

À si bientôt mon Amour

À tout de suite

Les épreuves de la vie ne sont que Providence à ceux qui savent les interpréter

Extrait de « 2 - Le Messager… Chemin de Lumière »
Conte initiatique & symbolique © 2020 – Stan KARKO

Voyages Pluriels

Passage Dérobé

Une petite déchirure
Dans la toile du ciel
Un presque rien
Minuscule accroc
Un appel au voyage
Invitation au passage
Ouverture imperceptible
Qui laisse s'emporter
Les âmes fatiguées
Lassées de ce monde-ci
Une escapade légère
Vers ce bel inconnu
Infini, sans limites
Vagabondage douceur
Liberté éthérée
Sans rappel
Sans attache
Exister enfin
Sans fin
Visiter et apprendre
L'autre côté de soi
Sans fard ni faux-semblants
Découvrir
L'autre côté de toi
L'autre côté de moi

Et rire de nos croyances
de nos accents
souvent dissonants
Délayer nos vérités
dès lors si imparfaites
Au nectar de la Vérité
Extraordinaire et
Devenue si limpide
Ramener derrière soi
Les effiloches des nues
Les recoudre vaillamment
Refermer la porte
Discrètement
Et tracer dans l'azur
Une cicatrice pure
En forme de sourire
Adieu mes cœurs
Ne soyez pas tristes
Maintenant je suis bien
Et je vole par-dessus
Les douces contrées
De mon nouveau chemin
À si bientôt de se revoir
Tout à l'heure, demain

© août 2022 – Karnet2 du Voyage

La Vie s'emporte

Elle s'est glissée par notre porte
Nous l'attendions à petits pas
Avec sa traîne qu'elle transporte
Nous le savions mais déjà la voilà
Sonnant le glas de nos amours mortes
Par ton départ vers l'au-delà
Elle est venue et elle t'emporte
Pendant que moi je demeure là

Elle te décroche sauvageonne
De l'Arbre Vif de nos vies
L'écho d'un cœur qui résonne
Dans l'espace vide à l'infini
Et si patiente elle me redonne
Quelques instants encore enfuis
Avant que la cloche ne sonne
Faire vibrer ce qui n'est fini

Elle s'est échappée par la fenêtre
Pleine de ton souffle anéanti
Il ne reste plus rien à paraître
Qu'un désert attendant la pluie
Seul le souvenir de deux êtres
Dans le vacarme de nos nuits
La fièvre sans doute de s'être
Trop aimés sur cette Terre-ci

Maintenant seul sur cette branche
Avec notre chant que je fredonne
Je vois au loin la crête blanche
De l'horizon plat qui détonne
Elle t'a attrapée par les hanches
Et mes doigts se contorsionnent
Sur le bois de ces quatre planches
Saisi au brasier qui bouillonne

Elle s'est glissée par notre porte
Je m'en souviens un samedi
Jour où je te croyais plus forte
À vaincre toujours la maladie
Son ombre comme une cohorte
Penchée au rebord de ton lit
Aspirant l'ultime feu de sorte
Qu'éternellement tu es partie

© mars 2022 – Karnet2 du Voyage

Liberté – Voyage entre deux Mers

Sur la soie froissée de ces longues grèves
Je promène mes pas au hasard des vents
Les nues éthérées redessinent tes lèvres
Accrochent haut le fier flambeau d'antan
Les flaques océanes repeignent tes yeux
Doux lagons ridés par cette brise si légère
Au Midi, blondes graminées qui oscillent
Retracent tes méandres soyeux capillaires
Où je m'égarais, nacre irisé de ta coquille
Hier encore, en vagabondages prodigieux
Déjà l'horizon décline derrière ce mamelon
Tel ton sein si rond, si chaud, à l'apex altier
L'astre y flamboie d'une sanglante oraison
En appelle à la partance, à la cendre lâchée

La césure se crée dans l'osmose en fusion
Chemin de lucioles luminescentes rendues
A l'Universel sous l'œil cyclope distordu
Escapade iridescente de ce dernier bastion
Battement mou de paupière, soupir de Lune
Sur la soie mauve de ces plages alanguies
S'envolent lumignons moirés tels les runes
Du Verbe hermétique de nos accents évanouis
Se déposent au canevas de la toile ténébreuse
en mille fragments irradiés, étincelles éternelles
A cette voûte millénaire, sibyllines veilleuses
Carte cosmique de ce layon, ce passage d'Elle

Espérance

Espérance
Il existe cette minuscule sente...

Il existe tant de routes
Que l'on n'osera jamais
Qui instillent autant de doutes
Aux contre-temps de nos regrets

Alors ce vent dans tes cheveux
Brise légère à la main si féconde
Mes doigts en arpèges harmonieux
Sur la portée distordue de tes songes
Courant d'air aux cendres de ton feu
Braises inertes et que le temps ronge
Ré-insuffle la vive étincelle dans tes yeux
L'aveugle voit et observe le nouveau monde

Il existe tant de chemins
Que l'on n'osera jamais
Nos pieds à ces pierres, incertains
Figés à l'argile d'un effroyable passé

Alors cet océan noir tempétueux
irisé de lames aux reflets d'écume
Est l'expression de sentiments frileux
Nues éthérées, disloquées et disparates
Au-dessus d'un volcan au magma vénéneux
Crachant sa vile colère aux nuances écarlates
Mais cette larme à la paupière de nos jeux
Dissipera les scories mornes de cette enclume

Il existe cette minuscule sente
Invisible à l'entrelacs de nos territoires
Où l'on s'engagera amant amante
Invitation au crépuscule de nos espoirs

Alors ce silence bruissant nos vies
Se transformera en si courte pause
Le Verbe rétablira toutes nos envies
Car l'Amour se pratique en overdose
Et de nos gorges jailliront les cris
De cette jubilatoire métamorphose
Une touche d'azur à nos ciels trop gris
Et l'horizon se pare d'inflexions de rose

Il existe cette minuscule sente
Fil si ténu à l'approche de nos mains
Radieux salut à nos âmes caressantes
Où l'on se glissera peut-être demain

© avril 2022 – Karnet2 Clairs-Obscurs

Résiliences Boréales

Dans l'éther surchargé de la profonde nuit
Disparaissait peu à peu la vaste voûte étoilée
S'estompaient graduellement tous les astres
Absorbés par l'immensité d'un vide insatiable
Engloutis aux abysses d'un cruel néant infini
La grande nocturne se mourait d'elle-même
Vaincue aux nuances ténébreuses de sa robe
Mariée délétère d'un diurne bien trop épuisé
À lutter contre la sombre invasion contagieuse

Et insensiblement s'éteignaient les veilleuses
Dans le vacarme d'un silence devenu muet

Et soudain, tout devint obscur
Et soudain, tout devint si noir

Les énergies capitulèrent puis vinrent se briser
Mille éclats mornes, terrassées, gisant au pied
Des vertigineuses parois minérales vespérales
Carapace infranchissable de la haute citadelle
Mausolée du fruit d'Érèbe et de Nyx dévastés
Alors plus rien ne fut, seule l'infinitude raide
Et froide d'une mer étale, coagulée aux encres
Avalant toute vie, régurgitant le vain désespoir
Pour ultime et unique faveur aux âmes égarées

L'errance devint exutoire, la seule trace visible
Dans le chaos fangeux de cette géhenne ulcérée
Noirceur de désolation d'un ubac si conquérant
Que l'adret suffoqua sous le règne des ombres
Les particules de temps se cristallisèrent, figées
Ne demeuraient plus que le faible palpitement
Du Cœur usé de l'Être aux membres démantelés
Et le creux soufflet percé de sa forge anéantie

Alors que les battements s'alentissaient sans fin
Que le filet d'air s'amenuisait inexorablement
Dans l'étendue lointaine d'un Orient déboussolé
Apparurent deux perles, presque imperceptibles
Insoupçonnables éclats, étincelles dissidentes
D'une Lumière oubliée, diffuse et anecdotique
Et les infimes s'élargirent à devenir lumignons
Et les lucioles reprirent forme à renaître étoiles
Qui peu à peu déployèrent leur brillance moirée
Déposant à nouveau le reflet des initiales lueurs
Sur les reliefs crus, équivoques et énigmatiques
Puis lancèrent leurs rais à reconquérir l'espace
Épées au fil argenté déchirant hauberts nébuleux
Des rustres chevaliers de l'ignoble apocalypse
Elles redonnèrent puissance au souffle moribond
Relancèrent le vif balancement oscillatoire vital

Cœur martelant et Souffle explosant sa cage
Attisèrent un peu plus l'embrasement renaissant
Recréèrent la chevauchée dextrorsum du Céleste
Mutèrent brillance en irradiation des deux belles
Vives sources scintillantes nourries d'espérance
Vision tournée vers la luminescence de demain
Cette Lumière vraie et intégrale, ne sachant mentir
Alors les incandescentes ravivèrent les corps scellés
Craquelant les viles camisoles méphistophéliques
Et de ces elliptiques enfin affranchies, l'Osmose
Put reparaître, corps et âmes et esprits retrouvés
Ainsi l'exaltation suprême de l'Amour Ardent
Reprit sa course stellaire à répandre ses semences
Sur le terreau fertile des existences déchiquetées
À réinventer les contours encore un peu floutés
De l'Être multicolore, lové dans ses mousselines
Si délicatement tissées aux Résiliences Boréales

Ainsi la Vie put reprendre son cheminement sage
Adossé à la mémoire, loin du gouffre de l'Oubli

CHUCHOT'VENTS
Souffles de Vie
Encre sur papier A3 42 X 29,7 – sept. 2022

Le Silence

Le Silence est le chef d'orchestre

du Verbe

établi dans la fosse de la Réflexion.

Extrait de « 2 - Le Messager… Chemin de Lumière »
Conte initiatique & symbolique © 2020 – Stan KARKO

Le Bruit du Silence

Quand enfin se taisent les bruits artificiels
Quand s'atténue la cacophonie des cités
Que s'évapore la fausse quiétude irréelle
Que s'arrêtent les longs et froids hurlements grippés
Ainsi que les sifflements et les percussions
De ces usines à broyer nos espérances
Quand en un court instant se figent tous les sons
Nés de la main de Satan et de la science
Quand s'éteint la voix nasillarde des ondes
Que musique provoquée et paroles inutiles
S'envolent dans l'espace du temps, quittent ce monde
Que s'endorment leurs échos par trop fragiles
Quand l'univers tout entier et les hommes meurent
Que la planète se glace un en désert immense
Quand enfin seule la vie naturelle demeure
Commence la perception des bruits du silence
C'est alors que s'entend tout ce qui nous entoure
Écoute muet ce monde si merveilleux
Créé par la main du ciel au fil de ces jours
Que tu comptais avare dans un vacarme pieux

Entends bien ! C'est le dialogue des insectes
Conversations feutrées dans l'air immobile
Réunis à cette heure comme des sectes
Heureux de la paix de ce souvenir tranquille
C'est la respiration de ces si belles fleurs
Le cri de leurs pétales avalant la rosée
Qui se dépose douce en sublime vapeur
Perlant de givre fin ces pastels colorées
Ce sont aussi les déplacements aphones
Marche silencieuse des animaux de la nuit
Pattes de velours sur les mousses jaunes
Caressant à peine un sol tout endormi
Ce sont les chants glacés des oiseaux nocturnes
Filtrés par l'immensité de la Ténébreuse
Le froissement de leurs ailes taciturnes
Battant l'air en remous ouatés qui se creusent
Et c'est la grande éloquence des éléments
La symphonie légère des feuilles dorées
Que jouent en suprêmes arpèges enivrants
Les brises douces et tièdes des alizés

L'extase de la terre poudreuse et desséchée
Qui reçoit en aumône les gouttes rieuses
Venues des cieux nuancés sombres et moirés
Dans le lourd véhicule de nuées joyeuses
C'est la Lune qui cligne de son œil géant
Avec sa paupière de voiles effilochés
Créant au sol une danse, un ballet mouvant
D'ombres violettes dans cette faible clarté
C'est le coton moelleux de ces pâles brouillards
Qui se déchire à la grande silhouette
De la forêt masquée aux profondeurs noires
Habits de brumes en fines bandelettes
Ce sont les eaux claires qui coulent cristallines
Dans des lits délicats de pierres luisantes
Perles de source qui sont comme clarines
Inondant d'harmonies les vallées fuyantes

© déc. 1987 - Karnet2 d'Antan

La Réflexion vaut probablement tous les longs discours.

La Parole est chose si extraordinaire qu'Elle devrait se mesurer avec parcimonie.

Le Silence en reste bien souvent la plus belle expression.

La haine n'est que le versant

non encore ensoleillé

de la Vallée nommée Amour.

Extrait de « 2 - Le Messager... Chemin de Lumière »
Conte initiatique & symbolique © 2020 – Stan KARKO

Amour Haine & Solitude

Haïr son ennemi, c'est l'aimer un peu,
C'est rester sur la Voie de la Raison.
Y être indifférent, c'est le tuer à coup sûr
mais c'est aussi mourir un peu soi-même.

Extrait de « 2 - Le Messager… Chemin de Lumière »
Conte initiatique & symbolique © 2020 – Stan KARKO

Et la Haine aima l'Amour

De cet acte titanesque
Naquirent Satan et Lucifer
Démentiels et gigantesques
Écarlates aux feux d'enfer
En un instant dans le brasier
Où les deux faunes s'étaient aimés
Une lueur de folie malsaine
Éclata en leurs prunelles
Dans un ricanement sauvage
La bouche tordue par la haine
Fous, ils brûlèrent les Sages
En vomissant leur haleine
Puis, courbés au fardeau de la rage
Se sont redressés menaçants
Terribles en hurlant des orages
Libérant la foudre et les vents
Leurs yeux sombrement animés
D'éclairs d'une violence inouïe
De la terre se sont élevés
Et des océans ont jailli
Couvrant de leur ombre rouge
Un sol d'immondices sanglants
Jusqu'à ce que plus rien ne bouge
Ne s'aime ou ne vive vraiment

Dans une tempête de cris
Seule la Reine était folie
Ainsi sur des terres sans amants
Le Mal s'éleva triomphant

Et si nous prenions juste un instant

Et si nous prenions juste un instant…
À faire taire nos cerveaux survoltés
Mettre au diapason nos ego déréglés
Museler notre intarissable logorrhée
Et déconnecter notre « intelligence »

Et si nous prenions juste un instant…
À écouter soupirer notre âme transie
Se lamenter celle des autres meurtrie
Et pourquoi pas celle du Monde aussi
D'une Nature châtiée qui perd patience

Et si nous prenions juste un instant…
Pour nous laisser fondre sur la portée
De l'admirable Loi qui hurle, suppliciée
Cette dysharmonie alors entrecoupée
De justes pauses et de longs silences
Ne serait-elle pas soudain plus merveilleuse ?
Ne serait-elle pas subitement plus lumineuse ?

Et si nous prenions juste un instant…
Pour arrêter de haïr et tout critiquer
Si nous cessions enfin de tout juger
De pourfendre nos Cœurs fragilisés
Déversant leurs larmes d'indulgence

Si nous cessions juste un instant…

De voir en l'autre
Ce que nous refusons
De combattre en nous

D'envier à l'autre
Ce que nous ne parvenons
À faire surgir de nous

Et si nous prenions juste un instant…

À briser ce désir de toujours paraître
Retourner au nu qui nous a vu naître
Et commencer simplement à « Être »
Plutôt qu'exacerber en notre essence
Cette incorrigible envie de ressembler
Cet irrépressible besoin de dominer
Ce couperet cynique à toujours diviser
Ce Verbe bafoué à ne savoir qu'insulter
Et oublier jusqu'au jour de notre naissance

Et si nous prenions juste un instant…

Et si nous prenions juste un instant…
Pour mettre un coup de pied dans la fourmilière
Désaccorder la rime pour retrouver la prose
Nous détacher de ces cordes qui encore hier
Enserraient nos gorges

Et si nous prenions juste un instant…
Pour nous révolter de nous

Si nous nous détachions de cet éternel passé-racine
À toujours convoiter et vouloir deviner demain
Si nous faisions juste une courte halte de nos vies
À consommer la seule, l'unique et infime seconde
Que nous révèle humblement cet instant présent
Et la vivre pleinement seulement pour ce qu'elle est
Avec toutes ses merveilles et ses enseignements

Si nous retirions notre écorce préfabriquée
Pour libérer toute la sève de notre interne

Si nous fermions nos yeux ternes et aveugles
Pour enfin ouvrir les paupières de notre Cœur
Que son iris solaire inonde alors nos existences
Que ses rayons voyagent autour de cette Terre
À porter leurs si doux messages multicolores

Pour arrêter d'édifier des geôles vides et froides
Enveloppant l'espace de notre illusoire Liberté
Pour parvenir au renoncement de nous débattre
À vouloir dominer et être plus que notre propre Égalité
Pour stopper les combats, les guerres et les batailles
Contre notre propre et si tendre fragile Fraternité

Cessons de vouloir accéder à cet autre chimérique
Soyons modestement nous avec toutes nos failles
Nos faiblesses qui souvent font nos forces vives
Réjouissons-nous des mille extraordinaires facettes
De ce que nous sommes vraiment et cherchons
Dans l'autre les mille facettes qui brillent et irradient
Sous la gangue de ce que appelons ses pires défauts

Et si nous prenions juste un instant… tout petit…
Pour réapprendre à conjuguer l'Humanité à « Être »
Et refuser de rester enlisés en auxiliaires d'« avoir »

Et si nous prenions juste un instant… tout petit…
À peine perceptible dans le fol tourbillon de nos vies

Juste un instant…

Pour que nos existences enfin s'éclairent

© janvier 2021 – Karnet2 Clairs-Obscurs

Femme - Fleur

Floraison féminine

À fleur de peau
La fleur des passions
Fleur douce, fleur joyau
Fleur parfum d'illusions
Petite fleur fragile
Fleur en amour éclosion
Fleur aux lèvres tactiles
Enivrante fleur de déraison
Fleur aux pétales mobiles
Fleur calice de tentation
Fleur sauvage, fleur docile
Fleur interne vermillon
Jeune pousse, fleur pistil
Fleur étamine sensation
Océane fleur astre brille
Fleur source d'émotions

© *nov. 1987 – Karnet2 d'Antan*

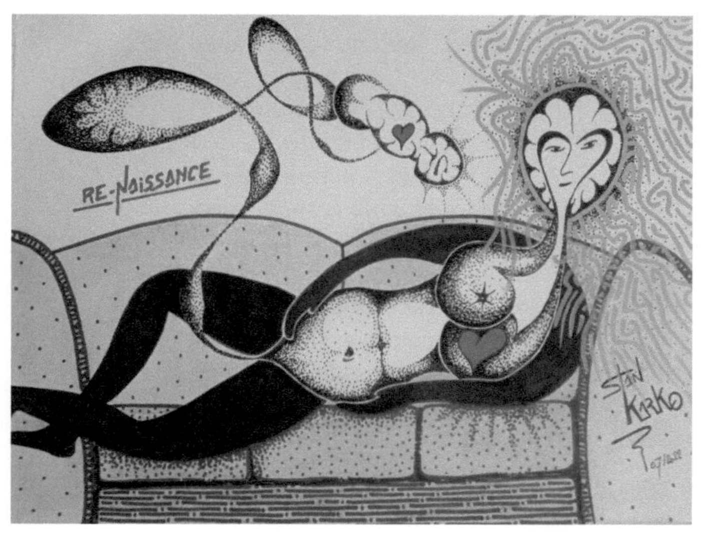

RE-NAISSANCE
Les Bonnes Femmes de Stan – Bon'Fame 2
Encre sur papier 24 X 30 – juillet 2022

Déclinaisons

Quand une fleur pousse
C'est pour laisser apercevoir
Dans le sillon de sa mousse
L'immensité de son pouvoir

Quand une fleur s'entrouvre
Les paupières de son soleil
Invitent pour que la couvrent
Ailes et dard de la vive abeille

Quand une fleur s'épanouit
C'est pour accueillir les ondes
Les chaudes perles de la vie
Dans sa belle corolle ronde

Quand une fleur s'embellit
C'est qu'elle porte féconde
En son sein le si doux fruit
Des amours de ce monde

Quand une fleur se fane
Aux scories du fier pistil
Alors se rompt le fil d'Ariane
De ses horizons fertiles

Quand une fleur se flétrit
Au crépuscule de ses éclats
Alors sont mortes ses envies
Et l'Amour la fige ici-bas

MAT'ÉTHER'NITÉ
Les Bonnes Femmes de Stan – Bon'Fame 1
Encre sur papier 30 X 24 – juillet 2022

Humeurs

À tous les Peuples de la Terre

Une interminable lutte de colibri
Face à l'embrasement du monde
Puisse l'homme cesser d'anéantir
Encore et toujours les cœurs ardents
Puisqu'il faut bien que la résistance
Se dessine, un jour, même un instant,
Sur la nauséabonde portée macabre
De toutes leurs marches militaires
Que la douce poésie fasse enfin taire
Les rugueux alliages de leurs canons
Que la musique universelle en partage
Réduise en poussière l'acier de leurs fusils
Que la peinture aux nuances chatoyantes
Refleurisse les tristes champs de bataille

Et si pour tout cela…
Il suffisait juste d'ouvrir nos bras
Ouvrir nos cœurs, tous à l'unisson
Pour tendrement enlacer ce monde
Et pourquoi pas aussi l'Humanité
Dans l'affliction des regards sombres
Voir enfin germer et ensuite renaître
La sublime étincelle du grand Espoir
Puis sitôt, peut-être un jour prochain
Alors vacillante jusqu'au firmament
L'ultime flamme vraie de l'Essen'ciel

© mars 2022 – Karnet2 Clairs-Obscurs

Texte tristement inspiré par le début du conflit en Ukraine

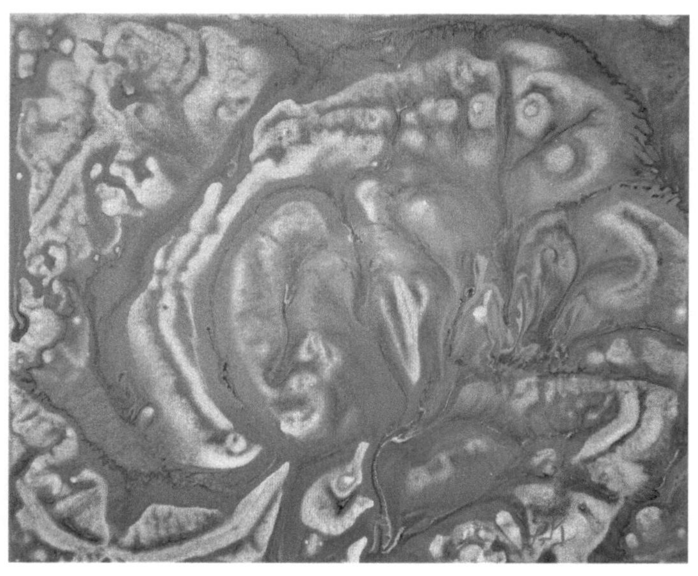

KORTEX – En Quête de la Konnaissance
Acrylique et techniques diverses sur toile 46X55 - juin 2023
Œuvre spécialement créée au profit intégral de l'association
« Baroudeurs de l'Espoir ». Vente aux enchères Paris 6 juillet 2023

L'association « Baroudeurs de l'Espoir » agit en faveur des enfants
les plus vulnérables, victimes de la déraison des hommes
ou parfois de la colère de la Nature.
https://bdle.org/

*De tout combat nul ne ressort jamais ni vainqueur ni grandi.
Les marches désireuses d'être les plus victorieuses n'égrènent que
les notes nauséabondes d'une mort salie.*

*Extrait de « 2 - Le Messager... Chemin de Lumière »
Conte initiatique & symbolique © 2020 – Stan KARKO*

Le Clochard

Il a, accroché à son aile
Tout le poids de nos villes
Et de nos déraisons
Notre clameur irréelle
Se reflète à sa pupille
Digressant son diapason

Alors la folle colombe
Prend des airs de rapace
Bec distordu par la rage
Dans ses serres une bombe
Et sa vie lui fait face
Arrachant toutes ses pages

Entre les tours hérissées
Se meurt un soleil noir
Cœur mollement battant
Pâle éclat fragile irisé
Qui enflamme le désespoir
Et nuance tous ses tourments

L'œil du soir le regarde
Cyclope aux paupières mauves
Creusant son ventre affamé
Fièvre et vision hagarde
Aux secrets de son alcôve
Glaciales parois cartonnées

Au milieu des immondices
De nos folies outrancières
Soudain se libère un trésor
Il s'agrippe, tombe, glisse
Déchire l'ignoble cras'suaire
Il est là !... Une chaîne en or

Au bout du serpent sinueux
Frémissent les vils accords
D'un temps qui laisse croire
Un dernier train de banlieue
Emporte la masse incolore
Vers sa sourde destinée dortoir

Entre ses doigts gourds
Au sablier de cet espoir
Un filet de temps s'écoule
La minute s'égrène et court
Souffle vain, soupir dérisoire
Loin du bruit de la houle

La ville peu à peu s'éteint
La vie lentement s'étire
Par les égouts qui fument
Comme un ultime destin
Au miroir d'asphalte se mire
Sur les flaques de bitume

La ville s'est figée austère
La bête s'affaisse et râle
Tic Tac onze heures du soir
Plus de vie dans ces artères
Plus de bruit dans ce dédale
La breloque, tempo cafard

La musique saute un temps
Grimace Cœur pantomime
Dans sa main recroquevillée
Tic Tac Tic... tout doucement
La trotteuse cherche la rime
La toquante s'est déréglée

Dans l'indifférence totale
Fantôme n'ayant existé
La vie s'échappe, s'enfuit
Suffocantes brumes pâles
À combler la voûte étoilée
Une âme s'envole, part, luit

Tic… Tic Tac… Tic Tac Tic
Une sirène hurle au lointain
La vie s'estompe, file, fuit
Aux zébrures stroboscopiques
Le temps s'arrête si soudain
La vie s'en va, sa vie, c'est fini

*L'homme a besoin de si peu pour être heureux
qu'il pense devoir tout posséder pour l'être.*

*Vouloir viscéralement tout avoir, c'est creuser sa
tombe, insidieusement, petit à petit.*

Au Crépuscule Des Ors

C'est arrivant à l'heure du Crépuscule des Ors
Alors que s'étendent, blêmes, les longs linceuls
D'une nocturne bien fade et paresseuse à s'établir
Pendant que mille feux embrasent toutes les crêtes
De cet horizon acéré, franc mais si timide à mourir
Que la géhenne écharpée des hommes en haillons
S'abandonne langoureuse aux artères nues de la ville
Elle pourfend les prismatiques reliquats de la lumière
Elle ombre, sombre, chasse, masque et tait et déchire
L'édifice nécrosé en constructions mausolées infâmes
Abyssal ventre mou d'où toute force vive s'est retirée
Entassant âmes moribondes si vides et tant esseulées
Carcasses inertes, corps rompus, transis de leurs peurs
Qui demain, paupières mauves, de leurs yeux mornes
Aveuglés et aveugles au scintillement du jour naissant
Reprendront, robotiques, leur fière marche ostentatoire
À la gloire de la bienséance et du profit par si peu dictée

Mais… alors que se meurt la cacophonie des viles cités,
C'est à cette heure où s'enflamme le Crépuscule des Ors
Que s'installe l'espace-temps émancipateur du fol poète
Qui voit dans ce vespéral agonisant squelette mécanique
Toute la puissance et la renaissance du génie de ses vers
L'infini désertique de ce que l'homme rejette et abhorre
L'aède y puise son lait, son essence, en fait sa substance
Nourrit sa prose féerique de toutes ces frayeurs vomies
Crée des mondes étranges pour lutins, elfes et farfadets
Installe des territoires aux djinns tout autant que gnomes
Chaque ombre altérée et chaque éclat fragmenté scellent
Et recomposent l'Univers exacerbé qu'ils lui renvoient
D'aucuns, rares, saisissent le message codé et l'adulent
La masse assoupie refoule, s'éloigne, se méfie et rejette
Tous repoussent ce faiseur d'histoires, ce conteur maudit
Qui reflète à travers ses mots la pâleur de leurs existences
Qu'ils croyaient pourtant multicolores et si bien remplies

Fantômes de la Nuit, Fuyez !

Ô vous, vils fantômes de la nuit
Partez vers d'autres horizons
Je vous chasse de mon esprit
Dont vous peuplez l'oraison
Allez traquer sur d'autres routes
Des âmes fragiles et perdues
Installez-y votre kyrielle de doutes
Mais libérez ma mémoire revenue
Ne ravivez pas les faux espoirs
De ces si folles ivresses passées
Alors que se consumait illusoire
Ma vie exsangue et vidée
Laissez donc froides ces cendres
Où jadis je me suis tant meurtri
Car jamais elles n'engendrent
Les mille feux d'aujourd'hui
Éloignez-vous de cette image
Qui s'insinue par elle sublime
Avec les contours de son visage
Pour combler ce vaste abîme
Allez jouer loin de vos discordes
En d'autres lieux à détruire
Écoutez donc vibrer la corde
Du diapason de mon bel avenir
Car vous ne pourrez enfin plus
Ronger, cruels, ma substance

L'Amour est là, m'est apparu
Il vous noie de son essence
De ses symphonies aériennes
Brisant noirceur de vos refrains
Fuyez vils ma galaxie sereine
Voici l'or du soleil du matin
Il vous reste juste à sombrer
Dans les eaux tumultueuses
De nos deux cœurs entrelacés
Illuminant splendides la nébuleuse
N'usez plus de vos forces inutiles
Les ombres révolues disparaissent
Je me berce à ces instants fragiles
Emplissant tout mon être de liesse
Vous n'avez plus aucun pouvoir
Car mes yeux immobiles et morts
Se sont remis soudain à voir
À l'Amour qui m'accepte encore
Vous êtes laids, sournois, hideux
Elle est belle, son esprit si fin
Vous êtes déjà devenus si vieux
Qu'elle vous repousse de sa main
Allez périr au-delà des nuages
Je me recrée tout un univers
Son nom est là, inscrit, bien sage
Sur la portée joyeuse de mes vers

Les Larmes du Ciel

Dans le silence tendu de cette nuit froide
S'écoulent les pleurs en deuil des yeux du ciel
De chaudes larmes qui tombent et que dégradent
La lueur des lourds convois de nuages arc-en-ciel
Au-dessus de la bouche tordue du volcan éteint
Elles se teintent rougissantes à l'horizon mort
Et se perdent bien au-delà d'irréels confins
Que la Terre-Mère n'a pu se définir encore
Certaines s'agrippent aux versants dénudés
Viennent gonfler les sombres flots tumultueux
Infantes nées aux abords de ces lèvres gercées
Filles de ce cratère noyé d'un lac cendreux
Ô basaltiques eaux qui charriez vers la mer
La scorie si féconde à ces plaines salées
Vous portez en votre sein les âges de la Terre
Dispersez-les enfin aux falaises élevées
D'autres s'enfoncent au profond des rides
Dans ces sables vieillis aux épées estivales
Elles coulent aux rigueurs de la pierre aride
Et se déversent en amertume pluviale
Guérisseuses des maux terrestres emportez
Avec vous toutes les chaînes de notre servitude
Balayez nos épaules de ce fardeau surchargées
Évaporez-le loin, jusqu'en vos altitudes
Mais pour qui vous versez-vous perles cristallines
À qui cet hommage de rivières limpides
Pourquoi de vos paupières de nues opalines
S'enfantent les cris d'une tristesse humide

Serait-ce aux lentes funérailles du soleil
Qui se cristallise au bord de ce relief sanglant
À cet agonisant qui, comme la vie, tout pareil
Résiste et lutte encore un peu si peu de temps
Au gouffre d'épouvante, à l'attraction mortelle
À l'abyssale nuit qui le cueille le soir tombant
Et l'emporte en ces terres incertaines et belles
Où se reforme l'osmose universelle du vivant
Ne soyez donc pas tristes nocturnes cordes qui
De cette harpe géante en arpèges mélodieux
Jouez l'oraison éternelle de cette si brûlante vie
Car bientôt Phœbé reviendra inonder les cieux
De sa pâle clarté matinale à ce paysage blême
Et vous réinventera tout un monde de douceur
Où vous coulerez fraîches, telles cet emblème
Pour la purification des âmes et celle des cœurs
Vous rafraîchirez alors de vos tendres caresses
L'espace ébahi, ulcéré des sécheresses solaires
Et vous verrez la Nature renaître d'allégresse
À l'éclat de moire de vos étincelles de verre
Et réjouissez-vous, rassurées, fragiles gouttelettes
Car demain déjà l'aurore clair viendra incendier
De ses flammes nouvelles les plaines et les crêtes
De cette belle contrée qu'aujourd'hui vous pleurez

Ensemble

Partons
Partons ensemble
Sur ce long chemin
Pourtant jalonné d'embûches

Marchons
Marchons ensemble
De nos pas incertains
Que nos pieds ne trébuchent

Parcourons
Parcourons ensemble
Dans la rosée du matin
Les méandres de nos existences

Chantons
Chantons ensemble
La mélodie de ce refrain
Qui emplit nos vies de sens

Cachons
Cachons ensemble
Ce bonheur fragile et sans fin
Qu'il ne se gâche aux yeux du monde

Quittons
Quittons ensemble
Cet univers aux ailes d'airain
Ne blessons pas nos amours fécondes

Finissons
Finissons ensemble
Cet inaltérable parcours divin
Conduisant jusqu'au terme de nos routes

Mourrons
Mourrons ensemble
Tendrement main dans main
L'esprit serein et vide de doutes

Vous arrivez au terme de votre lecture et j'espère que

vous avez apprécié ces textes intimistes et eu autant de

plaisir à les parcourir que j'en ai eu à les tracer au fil du temps.

Pour poursuivre d'arpenter un bout de chemin ensemble,

vous pouvez me suivre sur mon compte FB Stan Karko,

ma Page FB Stan Karko Auteur, Conteur, Poète & Musicien

(et artiste peintre aussi un peu…)

Lire vos impressions, retours et messages serait un pas

supplémentaire avec vous, partages auxquels j'aurai

plaisir à répondre : stankarko@gmail.com.

Merci à vous

Stan KARKO, Pays'Artist